AMPLIANDO OLHAR
Altas Habilidades/Superdotação

Editora Appris Ltda.
1.ª Edição - Copyright© 2021 da autora
Direitos de Edição Reservados à Editora Appris Ltda.

Nenhuma parte desta obra poderá ser utilizada indevidamente, sem estar de acordo com a Lei nº 9.610/98. Se incorreções forem encontradas, serão de exclusiva responsabilidade de seus organizadores. Foi realizado o Depósito Legal na Fundação Biblioteca Nacional, de acordo com as Leis nos 10.994, de 14/12/2004, e 12.192, de 14/01/2010.

Catalogação na Fonte
Elaborado por: Josefina A. S. Guedes
Bibliotecária CRB 9/870

A636a
2021
	Antunes, Cristiane Corina
	    Ampliando olhar: altas habilidades/superdotação /
	Cristiane Corina Antunes. - 1. ed. - Curitiba: Appris, 2021.
	    37 p. ; 21 cm.
	
	    Inclui bibliografia.
	    ISBN 978-65-250-0806-6
	
	    1. Educação especial. 2. Crianças com autismo. 3. Transtorno de
	déficit de atenção com hiperatividade. 4. dislexia. I. Título.
	
	                                                          CDD – 371.9

Livro de acordo com a normalização técnica da ABNT

Appris *editora*

Editora e Livraria Appris Ltda.
Av. Manoel Ribas, 2265 – Mercês
Curitiba/PR – CEP: 80810-002
Tel. (41) 3156 - 4731
www.editoraappris.com.br

Printed in Brazil
Impresso no Brasil

Cristiane Corina Antunes

AMPLIANDO OLHAR
Altas Habilidades/Superdotação

FICHA TÉCNICA

EDITORIAL
Augusto V. de A. Coelho
Marli Caetano
Sara C. de Andrade Coelho

COMITÊ EDITORIAL
Andréa Barbosa Gouveia (UFPR)
Jacques de Lima Ferreira (UP)
Marilda Aparecida Behrens (PUCPR)
Ana El Achkar (UNIVERSO/RJ)
Conrado Moreira Mendes (PUC-MG)
Eliete Correia dos Santos (UEPB)
Fabiano Santos (UERJ/IESP)
Francinete Fernandes de Sousa (UEPB)
Francisco Carlos Duarte (PUCPR)
Francisco de Assis (Fiam-Faam, SP, Brasil)
Juliana Reichert Assunção Tonelli (UEL)
Maria Aparecida Barbosa (USP)
Maria Helena Zamora (PUC-Rio)
Maria Margarida de Andrade (Umack)
Roque Ismael da Costa Güllich (UFFS)
Toni Reis (UFPR)
Valdomiro de Oliveira (UFPR)
Valério Brusamolin (IFPR)

ASSESSORIA EDITORIAL
Manuella Marquetti

REVISÃO
Renata Cristina Lopes Miccelli

PRODUÇÃO EDITORIAL
Jhonny Alves dos Reis

ASSISTÊNCIA DE EDIÇÃO
Marina Persiani

DIAGRAMAÇÃO
Daniela Baumguertner

CAPA
Daniela Baumguertner

COMUNICAÇÃO
Carlos Eduardo Pereira
Débora Nazário
Karla Pipolo Olegário

LIVRARIAS E EVENTOS
Estevão Misael

GERÊNCIA DE FINANÇAS
Selma Maria Fernandes do Valle

COORDENADORA COMERCIAL
Silvana Vicente

AGRADECIMENTOS

Às professoras Denise Maria de Matos Pereira Lima e Paula Mitsuyo Yamasaki Sakaguti, pioneiras no atendimento em Sala de Recursos de Altas Habilidades/Superdotação, por me influenciarem a refletir sobre o tema. Em especial, à psicopedagoga Laura Monte Serrat Barbosa, por me contagiar com sua paixão pela Psicopedagogia, principalmente no atendimento das crianças que fazem parte da Educação Especial. À minha amiga Lilian Luciane Nones Forti, por ajudar na leitura das histórias e fazer sugestões preciosas. E aos colegas, por compartilharem opiniões e ideias.

PREFÁCIO

Nós, seres humanos, temos necessidade de discriminar para podermos sair das possíveis confusões que as novidades e as diferenças provocam. Aprendemos por muito tempo que existe uma só infância, que todas as crianças devem se desenvolver segundo um determinado padrão. Este padrão foi estabelecido a partir de pesquisas com um determinado tipo de clientela e deu origem a testes estandardizados que passaram a medir o desenvolvimento do ser humano. As pessoas que ficavam aquém do padrão estabelecido eram consideradas deficientes, e as que ficavam além da margem estabelecida por esse mesmo padrão eram consideradas superdotadas. Essa forma de pensar ainda persiste hoje em dia, e, por isso, encontramos na literatura educacional uma porção de termos médicos que classificam os seres humanos a partir do que lhes falta. As pesquisas atuais apontam para a existência de várias infâncias e distintas crianças. Dependendo do país em que nascem, do clima, do local, da profissão dos pais, das experiências a que são expostas, do nível sociocultural em que vivem, da língua que aprendem, as pessoas podem desenvolver ou mais, ou menos habilidades com distintos graus de intensidade. Somos sujeitos em situação, não nascemos prontos, mas com algumas possibilidades, as quais desenvolvemos ou não na interação com o mundo. Os testes podem muito menos, a meu ver, do que a observação atenta e a estimulação autêntica realizada no dia a dia pelos adultos que convivem com as diversas crianças das distintas infâncias. Muito mais importante do que o nome que possamos dar ao comportamento de uma criança em seu processo de aprender, por exemplo, é entendermos como ela funciona para aprender, quais as suas possibilidades para que, por meio destas, possa superar obstáculos e desenvolver-se.

Cristiane é uma educadora estudiosa que viveu em sua história o peso de um funcionamento diferenciado para aprender e preocupou-se em estudar aprendizagem para contribuir com outras pessoas que sejam consideradas diferentes dos padrões estabelecidos. Em sua obra, faz a tentativa de mostrar que os casos que possuem diagnósticos médicos – como autismo, TDAH, hiperatividade, dislexia – podem ser vistos por meio de outro olhar, daquele que foca nas habilidades, e não nas impossibilidades do aprendiz. A Educação Especial do momento histórico atual propõe solução intermediária entre rotularmos crianças a partir de diagnósticos médicos, psicológicos, psicopedagógicos, educacionais e considerarmos as peculiaridades de todos nós, seres humanos aprendizes. Essa solução, proposta por Cristiane, busca tipos diferentes de habilidades que apresentam uma conotação positiva para aprender. Espero que esta obra possa colaborar com o salto que ainda precisamos dar na consideração dos aprendizes e na "despatologização" da aprendizagem!

Curitiba, inverno de 2020

Laura Monte Serrat Barbosa

Pedagoga. Psicopedagoga. Mestre em Educação.

APRESENTAÇÃO

Chamo-me Cristiane Corina Antunes. Nos 30 anos dedicados à Educação, exerci as funções de professora e pedagoga. Cursei Pedagogia na Universidade Federal do Paraná (UFPR) e, como sou apaixonada pelo magistério, continuei os estudos cursando a pós-graduação em Magistério de 1º e 2º Graus com concentração em Formação de Professores; Metodologias Inovadoras Aplicadas à Educação na área específica de Psicopedagogia; Organização do Trabalho Pedagógico; Neuropsicologia; Educação Especial e Altas Habilidades/Superdotação. Sou associada do Conselho Brasileiro de Superdotação (ConBrasd) e da Associação Brasileira de Psicopedagogia – Seção Sul Paraná (ABPp) e, atualmente, estou na Educação Especial como pedagoga especializada, avaliando e atendendo. Cursava o início da pós-graduação em Altas Habilidades/Superdotação quando meu filho, então com 6 anos de idade, apresentou algumas dificuldades na escola, que solicitou avaliação, pois havia a hipótese de Transtorno de *Deficit* de Atenção e Hiperatividade (TDAH). Realizada a avaliação, o resultado apontou Altas Habilidades/Superdotação. Observadas características semelhantes em minha filha, ela também passou pela avaliação, cujo resultado confirmou o mesmo diagnóstico. Assim sendo, percebe-se a importância de que as características específicas de cada criança sejam rigorosamente observadas, pois crianças com Altas Habilidades/Superdotação tendem a ser confundidas com as que possuem TDAH. Daí a necessidade de um diagnóstico precoce e acompanhamento adequado, com profissionais capacitados, para que elas possam desfrutar de uma vida equilibrada e feliz.

Nessa caminhada, descobri que muitos profissionais da área da Educação têm pouco ou nenhum conhecimento sobre como identificar essas crianças e atendê-las. Meus filhos passaram por discriminação na escola e bullying dos colegas. Quando a instituição de ensino não é inclusiva, todos sofrem. Infelizmente, o tema Altas Habilidades/Superdotação é cheio de mitos que colaboram para que essas crianças não sejam identificadas e atendidas. Todos esquecem que elas também fazem parte da Educação Especial.

Neste livro, você encontrará histórias de crianças (seus nomes e histórias são fictícios) como a Aninha, que apresenta características da criança do tipo Intelectual Geral e gosta muito de aprender sobre várias coisas; a Carolina, do tipo Psicomotor, que tem agilidade de movimentos; o José, um garoto do tipo Talentoso, mesmo apresentando Dislexia; o Marcos, do tipo Acadêmico, pois, apesar de também ser autista, tem alto desempenho para aprender; o Pedro, que é do tipo Social, pois demonstra muita liderança; e o Rodrigo, do tipo Criativo, mesmo tendo, também, TDAH.

Não tenho nenhuma experiência na área literária, então procurei escrever histórias com vocabulário simples e um enredo do dia a dia. A intenção é despertar a curiosidade sobre o tema, assim como oferecer um material de apoio para professores, educadores e pais.

Grata,
Cristiane.

SUMÁRIO

ANINHA 13

CAROLINA 17

JOSÉ..19

MARCOS 21

PEDRO 23

RODRIGO 27

INFORMAÇÕES IMPORTANTES..29

ANINHA

Aninha abriu seus olhinhos bem devagarzinho.

Havia ficado nove meses no escuro, dentro da barriga da sua mãe. No meio das várias vozes, conseguiu identificar a de sua mãe, o que a fez abrir um largo sorriso. O desenvolvimento de Aninha foi muito rápido. Com um ano, já falava algumas palavras e logo começou a falar frases. Aos 8 meses, começou a andar. Quando Aninha estava com 3 anos, leu sua primeira palavra. E seus pais ficaram muito contentes. Era uma menina muito curiosa, ativa e se interessava por tudo. Sempre cheia de perguntas, deixava seus pais confusos, pois nem sempre eles conseguiam responder a tantas indagações. Adorava brincar com suas bonecas, jogos e quebra-cabeças. Folheava gibis, livros e revistas. Sua mãe sempre contava histórias antes de Aninha dormir. Ela pedia para repetir várias vezes a história e, quando aprendia a sequência, era ela quem contava histórias para sua mãe. Aos 5 anos, foi para escola e já estava lendo algumas palavras e contando até vinte. A primeira coisa que aprendeu na escola foi a ficar quieta. A professora sempre dizia no início das aulas: "Criança boazinha fica quietinha.". Aninha não gostou muito, pois ela não queria ficar quietinha, ela tinha muitas perguntas para fazer. Quando a professora estava ensinando, a cabeça de Aninha ficava cheia de perguntas, mas ela obedecia à professora e ficava quietinha. Um dia, na aula de Ciências, Aninha não conseguiu segurar sua língua, e sua boca começou a se movimentar contra sua vontade e... explodiu! A professora foi bombardeada com tantas perguntas, que ficou tonta e acabou deixando Aninha no banco do pensamento. Quando a mãe de Aninha foi buscá-la, a professora reclamou que tinha atrapalhado a aula com perguntas que não faziam parte do conteúdo estudado. Aninha ficou triste e lembrou que a professora havia avisado que "criança boazinha fica quietinha", mas não era sua culpa, foi a língua e a boca, elas é que causaram toda confusão. Naquela noite, Aninha não dormiu muito bem e acabou tendo pesadelos. Sonhou que havia um monte de gente que ficava gritando: "Menina boazinha fica quietinha". Sua mãe ouviu gritos vindos do quarto de Aninha e foi ver o que estava acontecendo. Conseguiu acalmá-la, e ela dormiu tranquilamente. No dia seguinte, os pais de Aninha conversaram sobre a reclamação que a professora fez. Eles já haviam percebido que Aninha era diferente das outras crianças da sua idade. Sempre muito curiosa, interessada por diversos assuntos, ativa, atenta a tudo, conversadora, arteira, aprendia rápido. Ela fazia tantas, mas tantas perguntas, que eles ficavam tontos como a professora ficou. O que será que Aninha tem? Resolveram levá-la aos especialistas. Eles investigam tudo sobre as pessoas e, muitas vezes, conseguem dizer o que elas têm. Durante alguns dias, Aninha fez várias atividades com os especialistas, como correr, pular, andar em linha reta, desenhar, escrever, responder a perguntas, resolver problemas de Matemática, organizar coisas por ordem de tamanho e diversas outras tarefas. Então, eles deram o resultado: o cérebro de Aninha trabalhava mais rápido do que o de outras crianças da sua idade. Os pais da garotinha ouviram atentamente as explicações dos especialistas e conversaram com a pedagoga e a professora da escola. A escola recebeu orientações, e Aninha passou a ter enriquecimento curricular. Com a ajuda da professora, ela recebeu atendimento diferenciado. Aninha já conseguia responder algumas das suas perguntas, mas ainda havia muitas outras para fazer.

ENTENDENDO A ANINHA

Na Educação Especial, algumas crianças que apresentam características como as de Aninha podem ser consideradas com Altas Habilidades/Superdotação do tipo Intelectual Geral. Demonstram muita curiosidade, facilidade para aprender, flexibilidade e fluência de pensamento, compreensão e memória elevada e possuem capacidade de resolver problemas. Como a família pode ser parceira da escola e ajudar no desenvolvimento de crianças como Aninha? Adquirindo jogos intelectivos, livros, pesquisando em sites, indo a bibliotecas, levando-as em museus, cinema, parques e teatros infantis. Existem muitos sebos com preços acessíveis para adquirir revistas ou livros. E, em muitos lugares, encontramos descontos para estudantes.

CAROLINA

Carolina era uma menina muito espoleta.

Desde bebê ficava sacolejando no colo da sua mãe. Não parava quieta no berço, na cadeirinha, no carrinho de bebê, nem para comer. Adorava brinquedos que tivessem a forma arredondada, pois podia chutá-los. Gostava de pular na cama e no sofá, e sua mãe sempre gritava: "Toma cuidado menina!". Morando numa casa que tinha um quintal enorme, com árvores, muitas flores e, até, uma horta, Carolina vivia subindo nas árvores, e sua mãe gritava: "Toma cuidado, menina!". Esticava-se para pegar as flores e se encolhia para observar as formiguinhas em carreirinha. Gostava de andar de bicicleta e skate. Carolina era uma menina feliz. Na escola, incomodava a professora com sua inquietude. Ela não parava na carteira e a professora dizia: "Sossega Carolina!", mas Carolina não sossegava. Quando chegava a hora do recreio, Carolina ficava observando os meninos jogando bola, ela queria muito jogar bola com eles, mas eles diziam: "Vai brincar com suas bonecas, Carolina. Jogo de futebol é coisa para meninos!". Ela não concordava e saía bufando da quadra. Na sua casa, ninguém sabia que Carolina gostava de futebol. Era seu segredo. Sua mãe comprava muitas bonecas para ela e muitas bolas para seu irmão. Às vezes, a menina sonhava que estava jogando futebol e dava até chutes no cobertor, acordando bem na hora do gol. Na escola, o professor de Educação Física sempre elogiava o seu desempenho nas aulas – Carolina fazia os exercícios com bom desempenho. Seu pai começou a perceber que Carolina se interessava por futebol, porque, quando ele estava assistindo a algum jogo, ela sempre dava palpite, e resolveu chamá-la para jogar uma partida com seu irmão. O pai ficou impressionado com a agilidade da menina com a bola. Num outro dia, ele foi até a escola conversar com o professor de Educação Física. Este falou das habilidades sinestésicas de Carolina e que ela poderia escolher vários esportes para jogar. O pai comentou com o professor que Carolina jogava muito bem futebol, e o professor ficou espantado, dizendo que não havia observado Carolina jogando futebol, pois as meninas geralmente não gostam desse esporte. Depois da conversa com o pai, o professor começou a observá-la e até a deixou jogar futebol com os meninos, sob protesto deles, é claro. Quando Carolina começou a jogar, os meninos ficaram abismados e boquiabertos. Um deles disse: "E não é que Carolina joga bem futebol!". Após esse dia, os garotos sempre chamavam Carolina para jogar com eles. A mãe dela não gostava muito de vê-la jogando futebol, mas como Carolina se sentia feliz, ela também ficava feliz. Atualmente, Carolina joga num time grande e famoso, ganhou vários campeonatos e até já fez grandes golaços!

ENTENDENDO A CAROLINA

Na Educação Especial, algumas crianças que apresentam características como as de Carolina podem ser consideradas com Altas Habilidades/Superdotação do tipo Psicomotor. A habilidade corporal pode ser de vários tipos: facilidade para dançar, interpretar, no esporte, ginástica e todas as atividades que envolvam o corpo. A família pode ajudar incentivando a criança, conforme o interesse desta, a fazer cursos que possam estimular essa área, como dança, algum esporte, teatro etc.

JOSÉ

José era um garoto muito tímido.

Tinha poucos amigos. Na escola, estava com dificuldades para aprender a ler e escrever, e, por isso, a professora sempre estava o auxiliando. Na sala de aula, se sentia "perdido". Seus colegas já sabiam ler e escrever. Ele era um excelente copista, tinha uma letra bem bonita. A professora sempre elogiava essa facilidade. Quando José tentava ler, as letras "bailavam" na sua frente, e ele desistia. Já havia reprovado dois anos, e isso o deixava desmotivado. A professora fazia várias atividades para ajudar José. Em casa, ele passava várias horas do dia desenhando, era seu passatempo predileto. Saber desenhar não servia para escola, o mais importante era aprender a ler e a fazer contas. Ninguém sabia que ele desenhava. Num dia de aula, ele deixou cair um dos seus desenhos, e a professora pegou para devolver. Quando ela abriu para ver o que era, ficou impressionada, José desenhava muito bem. Ela deu folhas de sulfite e uma caixa de lápis de cor e solicitou a José que trouxesse alguns desenhos na próxima aula. Na semana seguinte, trouxe vários desenhos. A professora gostou muito e falou: "Você tem muito talento". A partir desse dia, ela organizou uma exposição de desenhos, e José pôde mostrar seu talento. Dessa forma, o garoto melhorou sua autoestima e começou a ler e escrever suas primeiras palavras.

ENTENDENDO O JOSÉ

Na Educação Especial, algumas crianças que apresentam características como as de José podem ter Dislexia, que é uma dificuldade para decodificar os códigos da escrita, e ser consideradas com Altas Habilidades/Superdotação do tipo Talentoso, que apresenta facilidade nas áreas: artes plásticas, musicais, literárias ou cênicas. Nesse caso, elas têm dupla excepcionalidade e apresentam as características de AH/SD e Dislexia. No caso de José, é preciso que a família leia muitos livros para ele até que ele tenha autonomia e consiga ler sozinho. Quando os familiares leem para as crianças, elas adquirem vocabulário, melhoram sua interpretação e compreensão da vida. Essas crianças/esses adolescentes precisam de muito apoio familiar nesse período de aquisição da leitura e escrita. Seja parceiro do(a) seu(a) filho(a). Em relação ao seu talento, é preciso oferecer cursos, materiais diversificados para estimular sua criatividade.

MARCOS

Marcos era uma criança diferente das outras
da sua idade.

Sua mãe já o havia levado em vários especialistas, pois a
professora dizia que ele vivia no "mundo da lua". Sempre muito
quieto, não brincava com as outras crianças, nem gostava de
ser tocado. Mas tinha facilidade para aprender os conteúdos e
uma boa memória. Os garotos da sua idade zombavam dele.
Gritavam: "Esquisito! Esquisito!". Marcos vivia num mundo só
dele. Andava com algum objeto que carregava sempre consigo.
Gostava da repetição, assistia várias vezes ao mesmo desenho,
brincava com o mesmo brinquedo, a mesma brincadeira ou
ouvia a mesma música. Era fascinado por objetos que giravam
e repetia frases das falas de personagens dos desenhos ou filmes aos quais assistia. Adorava montar quebra-cabeças. Tinha
dificuldades quando mudava a rotina, pois ficava desorganizado
e ansioso. Em casa, Marcos gostava de ler gibis, revistas de
Ciências e livros de história do mundo, pois queria saber sobre
os outros países. Desenhava muito bem. Era muito criativo. Sua
memória era um espetáculo, ele conseguia guardar muita coisa
nela. Mas tinha dificuldade para fazer amizades. Numa tarde,
enquanto ele olhava pela fresta da janela, chegou um caminhão
de mudanças. Eram os novos vizinhos, e Marcos viu quando
desceu um garoto do caminhão, quase do seu tamanho, parecia
da mesma idade que a sua. No dia seguinte, a vizinha apertou
a campainha da sua casa para conversar com sua mãe, que
os recebeu carinhosamente e solicitou que entrassem na casa,

e a mulher foi dizendo: "Sou sua nova vizinha, nos mudamos ontem e gostaria de me apresentar. Meu nome é Gabi e esse é meu filho, Samuel.". E a mãe de Marcos também o apresentou. Samuel se aproximou de Marcos e falou: "Do que você gosta de brincar?". Marcos nada respondeu. Então sua mãe interrompeu dizendo: "Meu filho demora um pouco para fazer amizades.". A partir desse dia, Samuel começou a frequentar a casa de Marcos, e os dois iniciaram uma amizade, pois eram crianças da mesma idade e com interesses em comum. A diferença não os tornava indiferentes.

ENTENDO O MARCOS

Na Educação Especial, as crianças com Autismo demonstram dificuldades para se comunicar, de relacionamento social e possuem interesses obsessivos sobre determinados assuntos. Crianças Autistas e com Altas Habilidades/Superdotação, além das características próprias do Autismo, possuem, também, as características das crianças com Altas Habilidades/Superdotação. No caso, Marcos é do tipo Acadêmico, apresentando rapidez de aprendizagem e pensamento, boa memória, habilidade para sintetizar e organizar o conhecimento escolar. Também apresenta dupla excepcionalidade, pois tem as características de Autismo e AH/SD. A família pode estimular oferecendo diversos materiais, adquirindo livros, brinquedos do seu interesse, jogos como quebra-cabeça, jogos eletrônicos, de tabuleiro e outros.

PEDRO

Pedro era um garoto que dava muito trabalho
na escola.

Quando ele estava na creche, conseguiu convencer os coleguinhas a fazerem uma chuva de casca de banana na sala de aula. Foi uma confusão danada. A professora ficou furiosa. Quando foi para escola, já sabia ler e escrever e sentia-se entediado, pois tinha que fazer as mesmas atividades que os colegas. Detestava copiar as lições do quadro, considerava um tempo perdido. Ele queria mesmo era saber sobre os dinossauros, como viviam os homens da caverna, se um dia poderíamos viajar para outros planetas e tantos outros assuntos interessantes, mas ele tinha que copiar toda aquela tarefa do ba, do be, do bi, do bo e do bu. O horário do recreio era o seu momento predileto. Ele podia escolher um livrinho para ler, brincar de pular corda, de "mãe se esconde", dançar e comer aquele lanche gostoso. Numa das tardes, quando estava andando com a sua bicicleta, Pedro teve uma ideia: iria conversar com seus colegas para organizarem uma lista de coisas que a escola deveria fazer, afinal, a escola é para as crianças e estas deveriam participar com sua opinião e sugestões. No dia seguinte, começou a entrevistar os coleguinhas e perguntar como eles queriam que a escola fosse. E seus colegas davam sua opinião: "bem que podia ter uma piscina pra gente brincar"; "acho que deveria ter um laboratório de Ciências"; "deveria ter mais passeios"; "gostaria de ter aula de Música"; "eu acho que poderia ter um lugar pra gente descarregar a raiva, pois às vezes a gente fica muito nervoso"; "eu já acho que deveria ter umas árvores e um jardim"; "eu queria uma pista de skate". E Pedro foi fazendo uma lista de coisas que a escola poderia fazer para melhorar. Criou coragem e foi entregar para diretora as reivindicações dos colegas. A diretora pegou aquele papelzinho e começou a ler, percebendo que estava cheio de erros ortográficos e uma letra que não era muito boa, mas dava para ler. Enquanto foi lendo, começou a lembrar dos seus tempos de criança, quando estava na escola. Ela também não gostava muito da escola, principalmente da professora que vivia batendo na sua mão com aquela régua de madeira, porque ela não conseguia decorar a tabuada. Tinha medo de ir para escola, não podia falar, tinha que ficar sempre quietinha e copiava tanto, que fazia calo nos seus dedos. E para que serviu tanta cópia? Ela nem conseguiu ter uma letra bonita! Depois de tantos anos, e agora como diretora, chega às suas mãos essa cartinha com solicitações de mudança, e logo do garoto que mais dava trabalho com seu comportamento inquieto. Ela olhou, por baixo dos seus óculos, aquele menino franzino, petulante, com ar de superior que estava esperando uma resposta... o que dizer? Depois de pensar muito, respondeu: "vou conversar com as professoras e dar-lhe-ei uma resposta". Após alguns dias, ela fez uma reunião com os professores e contou o que havia acontecido, lendo as reivindicações das crianças. Resolveram, então, escolher um representante por turma para que as crianças pudessem ter voz na escola e negociar suas ideias. Pedro se sentiu muito feliz, porque pode colaborar com a melhoria da escola.

ENTENDENDO O PEDRO

Na Educação Especial, algumas crianças que apresentam características como as de Pedro podem ser consideradas com Altas Habilidades/Superdotação do tipo Social, possuindo capacidade de liderança, empatia, de resolver problemas sociais e poder de persuasão. A família pode ajudar solicitando sua opinião sobre os livros que leu, sobre assuntos do dia a dia, pode ajudar na organização da sua festa de aniversário ou outros eventos.

RODRIGO

Rodrigo era um garoto diferente, sempre entretido com seus interesses.

Ele teve um desenvolvimento normal para sua idade, mas seus pensamentos e ações não condiziam com sua faixa etária. Extremamente curioso, no início, desmontava todos os seus brinquedos, queria saber como funcionavam. Sua mãe ficava furiosa, pois geralmente ele não conseguia remontá--los. Depois, começou a desmontar os objetos da casa, como relógios, rádios e tudo o que pudesse desmontar e montar de novo. Dormia pouco e até falava durante o sono. Sempre agitado. Sua mãe só começou a ficar preocupada quando a professora relatou que Rodrigo não prestava atenção nas aulas e sempre deixava as tarefas incompletas. Levantava-se constantemente da cadeira e parecia alheio aos assuntos da aula. Ele só prestava atenção nas aulas de Ciências e, nestas, fazia muitas perguntas. A professora aconselhou a mãe a levá-lo para fazer uma avaliação com um especialista. A mãe saiu da escola muito preocupada e nervosa. O que seu filho tinha afinal? Parecia uma criança tão esperta e viva. Por que não faz as tarefas da escola? No dia seguinte, levou seu filho para uma consulta com um especialista e descobriu que seu cérebro trabalhava mais rápido do que de outras crianças e que seu corpo se agitava mais do que os dos demais. Então, Rodrigo começou a receber atendimento diferenciado e melhorou seu comportamento em sala de aula.

ENTENDENDO O RODRIGO

Na Educação Especial, as crianças que apresentam características como agitação excessiva e desatenção (geralmente os meninos) ou apenas desatenção (geralmente as meninas) podem ser consideradas com Transtorno de *Deficit* de Atenção e Hiperatividade (TDAH), um neurologista poderá fazer o diagnóstico. No caso do Rodrigo, ele apresenta as características de um TDAH e de Altas Habilidades Superdotação do tipo Criativo, com muita curiosidade, originalidade, imaginação, flexibilidades, investindo em atividades de interesse. Também apresenta dupla excepcionalidade, pois tem as características de AH/SD e TDAH. É preciso fazer uma ressalva nesse caso, pois é necessário realizar uma avaliação com um neurologista e um especialista em Altas Habilidades/Superdotação quando houver dúvidas, para que não se medique desnecessariamente crianças que possuam apenas Altas Habilidades/Superdotação sem comorbidade de TDAH. A família poder ajudar deixando o ambiente organizado, facilitando a vida dessas crianças/desses adolescentes, mas elas/eles podem participar dessa organização, principalmente do seu quarto, dos seus pertences. Quanto à criatividade, a diversidade de materiais para desenhar, pintar, cursos, passeios em museus, parques e outros vão ajudá-las(os) a desenvolverem seus talentos.

INFORMAÇÕES IMPORTANTES

A Política Nacional de Educação Especial define como Altas Habilidades/Superdotação (AH/SD) as pessoas que apresentam desempenho elevado em qualquer dos seguintes aspectos, isolados ou combinados: capacidade intelectual geral; aptidão acadêmica específica; pensamento criativo ou produtivo; capacidade de liderança; talento especial para artes e capacidade psicomotora. Podemos elencar algumas características, como: curiosidade, flexibilidade, criatividade, habilidade em áreas específicas, liderança, perfeccionismos, memória excelente, sensibilidade social, concentração prolongada em área do interesse, riqueza de vocabulário, senso de humor, facilidade para aprender, gostar de conversar com pessoas acima da sua idade, senso crítico, pensamento abstrato, interesse por temas complexos, dentre outras. Mas é preciso esclarecer que nem sempre essas características estão presentes, pois dependem do ambiente social\cultural\econômico e sofrem influência das características de personalidade. Os tipos relatados nas histórias são apenas alguns exemplos de combinações possíveis de acordo com os tipos relatados pelo Ministério da Educação (MEC), mas podem ocorrer diversas combinações, ligadas a outros talentos e habilidades. Por isso, para fazer a identificação de uma criança, adolescente ou adulto com essas características, é preciso que uma pessoa especializada em AH/SD, ou que já tenha passado por algum tipo de capacitação nessa área, faça uma observação e avaliação. Essa identificação é necessária para que possamos cobrar, dos órgãos públicos, as políticas de atendimento para essa parcela da população. A criança, o adolescente ou o adulto com Altas Habilidades/ Superdotação necessita de atendimento especializado nas Salas de Recursos de Altas Habilidades/Superdotação, Salas de Recursos Multifuncionais ou nos Centros de Atendimentos Educacionais Especializados. Também necessitam de um trabalho diferenciado de suplementação (enriquecimento curricular) na escola ou no ensino superior.

As leis que amparam o atendimento de pessoas com Altas Habilidades/Superdotação (AH/SD) são:

- Declaração de Salamanca e Enquadramento da Ação na Área das Necessidades Educativas Especiais (1994);

- Lei de Diretrizes e Bases da Educação – LDB (Lei n.º 9394/96) – Artigos n.º 58 a 60 – 20 de dezembro de 1996;

- Parâmetros Curriculares Nacionais: Adaptações Curriculares – Estratégias para a Educação de Alunos com Necessidades Educacionais Especiais (1998);

- Plano Nacional de Educação – Lei n.º 10.172/01 – 9 de janeiro de 2001;

- Resolução n.º 2 do Conselho Nacional de Educação/ Câmara de Educação Básica – 11 de setembro de 2001;

- Parecer n.º 17/01 do Conselho Nacional de Educação/ Câmara de Educação Básica – 3 de julho de 2001;

- Diretrizes Nacionais para a Educação Especial na Educação Básica do Ministério da Educação (2002);

- Resolução CNE/CBE 04/2009 (2 de outubro de 2009), que institui as diretrizes operacionais para o Atendimento Educacional Especializado na Educação Básica, modalidade Educação Especial;

- Decreto da casa civil 7611/2011, de novembro de 2011, o qual dispõe sobre a Educação Especial, o atendimento educacional especializado e outras providências;

- Nota Técnica n.º 04/2014/MEC/SECADI/DPEE, que orienta quanto à documentação comprobatório de alunos com deficiência, transtornos globais do desenvolvimento e altas habilidades/superdotação no Censo Escolar;

- Lei n.º 13.146/2015, a qual altera a Lei n.º 9.394 20/12/1996 (Lei de Diretrizes e Bases da Educação Nacional) e institui a Lei Brasileira de Inclusão da Pessoa com Deficiência (Estatuto da Pessoa com Deficiência);

- Lei n.º 13.234 29/12/2015: identificação, cadastramento e atendimento na educação básica e no ensino superior de alunos com altas habilidades ou superdotação;

- Diretrizes Nacionais para a Educação Especial na Educação Básica do Ministério da Educação (2017), atualizada em março de 2017 – capítulo V.

E o que fazer quando você observar que seu(a) filho(a) ou estudante tem demonstrado algumas das características?

Todas as crianças devem ser estimuladas por meio de brincadeiras, jogos, exercícios, técnicas, atividades, dentre outros para desenvolver e potencializar seu lado intelectual, físico e sua afetividade. Quando seu(a) filho(a) se interessar por um assunto, adquira livros, pesquise sites, leve para conhecer museus, teatros, cinemas. Seja um colaborador da sua aprendizagem. Em geral, as crianças com AH/SD têm um foco de interesse e gostam de aprofundar. Depois, ou elas mudam para outros temas, ou um tema as leva para vários outros e pode até virar um projeto de pesquisa.

Após observadas as características de Altas Habilidades/Superdotação, é preciso procurar por profissionais capacitados na área e realizar uma avaliação, que pode ser feita por um ou mais profissionais habilitados. Existem várias avaliações que utilizam instrumentos diversificados. Cito, aqui, algumas que podem ser realizadas:

- Avaliação Pedagógica;

- Informe Psicopedagógico;

- Avaliação Psicopedagógica;

- Avaliação Psicológica;

- Avaliação Psicoeducacional;

- Avaliação Neuropsicológica;

- Avaliação Neuropsicopedagógica.

No caso de pessoas que possuem o tipo produtivo criativo, é possível fazer uma avaliação com profissionais das áreas, como músicos, professores de Educação Física ou de Artes, dentre outros, para que se possa averiguar se possuem habilidades nessas áreas.

O mais importante é procurar por profissionais que conhecem as características de AH/SD, pois pode acontecer de algumas crianças ou adolescentes não responderem adequadamente aos instrumentos de avaliação e precisarem ser encaminhadas primeiro para um atendimento e, depois, fazer ou refazer a avaliação. Também é importante no caso de as crianças que apresentam dupla excepcionalidade ou dificuldades emocionais mascararem suas habilidades, precisando de um tempo maior de investigação.

Além das avaliações, temos alguns inventários/questionários que podem ajudar na identificação, principalmente de adultos e adolescentes. O importante é oferecer atendimento quando se percebe as características, para ir estimulando e descobrindo potenciais.

Os adultos também podem ser avaliados se perceberem características. Muitas pesquisas demonstram que muitos pais de crianças com AH/SD também são identificados.

As crianças/os adolescentes que estudam em escolas públicas podem, sem nenhum custo para os familiares, ser encaminhadas(os) para avaliação e, após identificação, para atendimento.

Em caso de dúvida, você pode procurar ajuda do Conselho Brasileiro de Superdotação (ConBrasd) no site www.conbrasd.org, que contém informações sobre as características de indivíduos com Altas Habilidades/Superdotação e locais para fazer a identificação e atendimento mais próximos da sua cidade.

Alguns filmes podem mostrar o quanto esse universo é rico e diverso:

- *Matilda*

- *Os incríveis*

- *Kung Fun Panda*

- *O som do coração*

- *Vida de inseto*

- *Frozen: Uma aventura congelante*

- *Ratatoville*

- *Tintin*

- *Megamente*

- *Rango*

- *Valente*

- *A invenção de Hugo Cabret*

- *A família do futuro*

- *Tá chovendo hambúrguer*

- *Á procura da felicidade*

- *Encontrando Forrester*

- *Lances Inocentes*

- *Mulan*

- *Como treinar seu dragão*

- *Aladim*

- *O aviador*

- *O milagre de Anne Sullivan*

- *Raya e o Último Dragão*

- *A menina Índigo*

Alguns livros infantis:

- *A menina superdotada*, de Fabrício Carpinejar;

- *O menino maluquinho*, de Ziraldo;

- *O pequeno príncipe*, de Antoine de Saint-Exupéry;

- *O menino do dedo verde*, de Maurice Druon.

- *O Galo Superdotado*, de Maria Dinorah.

SUGESTÕES DE LEITURA PARA PAIS E PROFISSIONAIS DA EDUCAÇÃO

FLEITH, Denise de Souza; ALENCAR, Eunice M. L. Soriano de. *Desenvolvimento de talentos e Altas Habilidades*: orientações a pais e professores. Porto Alegre: Artmed, 2007.

FREITAS, Soraia Napoleão (org.). *Educação e Altas Habilidades/Superdotação*: a ousadia de rever conceitos e práticas. Santa Maria: UFSM, 2006.

MOREIRA, Laura Ceretta; STOLTZ, Tânia (coord.). *Altas Habilidades/Superdotado, Talento, Dotação e Educação*. Curitiba: Juruá, 2012.

PÉREZ, Susana G. P. Barrera. *Gasparzinho vai à escola*: Um estudo sobre as características do aluno com altas habilidades produtivo-criativo. 2004. Dissertação (Mestrado em Educação) – Faculdade de Educação, Pontifícia Universidade Católica do Rio Grande do Sul, Porto Alegre, 2004.

PÉREZ, Susana G. P. Barrera; FREITAS, Soraia Napoleão. *Altas Habilidades/Superdotação*: Respostas a 30 perguntas. Porto Alegre: Redes Editora, 2011.

RENZULLI, J. S. O que é esta coisa chamada superdotação, e como a desenvolvemos? Uma retrospectiva de vinte e cinco anos. Tradução de Susana Graciela Pérez Barrera Pérez. *Revista Educação*, Porto Alegre, ano XXVII, v. 1, n. 52, p. 76–131, jan./abr. 2004.

SABATELLA, Maria L. P. *Talento e superdotação*: problema ou solução? 2. ed. Curitiba: IBPEX 2006.

WINNER, Ellen. *Crianças superdotadas*: mitos e realidades. Porto Alegre: Artes Médicas, 1998.

HAKIM, Cláudia. *Superdotação e dupla excepcionalidade*: contribuições da Neurociência, Psicologia, Pedagogia e Direito Aplicado ao tema. Curitiba: Juruá, 2016.

VIRGOLIM, Angela; BURNS, Deborah E. *Altas habilidades/superdotação*: manual para guiar o aluno desde a definição de um problema até o produto final. Curitiba: Juruá, 2014.

SUGESTÕES DE LEITURA PARA PROFISSIONAIS DA EDUCAÇÃO

GUENTER, Zenita Cunha. *Desenvolver capacidades e talentos*: um conceito de inclusão. Petrópolis: Vozes, 2006.

FREITAS, Soraia Napoleão; PÉREZ, Susana Graciela Pérez Barrera. *Altas Habilidades/Superdotação*: atendimento especializado. Marília: ABPEE, 2010.

PISK, Fernanda Hellen Ribeiro; BAHIA, Sara. *Criatividade na escola*: o desenvolvimento de potencialidades, altas habilidade/superdotação e talentos. Curitiba: Juruá, 2013.

VIRGOLIM, Angela M. Rodrigues; KONKIEWITZ, Elizabete Castelon. *Altas Habilidades/Superdotação*: inteligência e criatividade. Campinas: Papirus, 2014.

VIRGOLIM, Angela M. Rodrigues *Cabrum!! Chuva de ideias! Desenvolvendo a criatividade das crianças*. Curitiba: Juruá, 2014.

VIRGOLIM, Angela. *Altas Habilidades/Superdotação*: processos criativos, afetivos e desenvolvimento de potenciais. Curitiba: Editora Juruá, 2018.

VIRGOLIM, Angela M. Rodrigues; FLEITH, Denise de Souza; PEREIRA, Mônica Souza Neves. *Toc, toc... plim, plim*: Lidando com as emoções, brincando com o pensamento através da criatividade. Campinas: Papirus, 1999.